DE LA REVISION

DU

CODE DE PROCÉDURE CIVILE

PAR

E. FAURIE

JUGE AU TRIBUNAL DE PREMIÈRE INSTANCE
DE BORDEAUX

Extrait du journal *l'Écho du Palais.*

Prix : 50 Centimes.

BORDEAUX

IMPRIMERIE G. GOUNOUILHOU

11 — RUE GUIRAUDE — 11

1892

DE LA REVISION

DU

CODE DE PROCÉDURE CIVILE

PAR

E. FAURIE

JUGE AU TRIBUNAL DE PREMIÈRE INSTANCE
DE BORDEAUX

———

Extrait du journal *l'Écho du Palais*.

———

Prix : 50 Centimes.

BORDEAUX

IMPRIMERIE G. GOUNOUILHOU

11 — RUE GUIRAUDE — 11

—

1892

DE LA REVISION

DU CODE DE PROCÉDURE CIVILE

—————

La réforme du Code de procédure civile préoccupe à juste titre depuis longues années les jurisconsultes et les législateurs. Une Commission extra-parlementaire, instituée à cet effet, prépara en 1866 un projet auquel il ne fut pas donné suite.

En 1890, M. Thévenet, alors ministre de la justice, a soumis à la Chambre des députés un nouveau projet de revision partielle portant sur les titres I à XXV du livre deuxième et XVI du livre cinquième, partie première du Code de procédure civile.

Ce projet a donné lieu à un rapport dressé par M. Dupuy-Dutemps, déposé au mois de mars 1891, et qui figure à l'ordre du jour de la Chambre.

Il nous paraît utile d'examiner ces deux documents avant qu'ils ne viennent en discussion, et de rechercher si les modifications qu'ils proposent sont acceptables en tous points. Nous essaierons de le faire dans les observations suivantes, que nous rendrons le plus brèves qu'il est possible lorsqu'il s'agit d'une matière aussi importante. Notre examen ne portera pas sur le livre premier du Code, relatif aux justices de paix, qui fait l'objet d'une loi spéciale, déjà votée en première lecture ; nous ne nous occuperons que de la procédure suivie devant les Tribunaux d'arrondissement.

Disons tout d'abord combien il est regrettable que le nouveau projet ne contienne pas, ainsi que l'avait fait celui de 1866, un chapitre initial relatif à la compétence de ces Tribunaux, qui se trouve aujourd'hui réglée par la loi du 11 avril 1838.

Cette loi devrait elle-même être modifiée sur divers points.

Le taux du dernier ressort pour les actions personnelles et mobilières n'est plus en rapport avec la diminution de la valeur monétaire ; on pourrait, sans inconvénient, l'élever de quinze cents à deux mille cinq cents francs au moins.

Il faudrait également modifier la loi en ce qui touche la fixation du ressort pour les actions immobilières. Dans l'état actuel des choses le ressort est fixé par un revenu déterminé, dit la loi, soit par rentes, soit par prix de bail : de telle sorte que, si l'un de ces éléments ne se présente pas dans la cause, l'affaire est sujette à l'appel, quelque minime que soit la valeur de l'immeuble litigieux.

Cette anomalie avait été signalée dans la discussion de la loi de 1838, mais on crut ne devoir point en tenir compte.

Il conviendrait donc de revenir sur ce point et de prendre pour base du ressort, toutes les fois qu'il serait possible, l'impôt foncier ou le revenu imposable.

La loi nouvelle devrait également réglementer la limite du ressort en ce qui touche les dommages et intérêts réclamés par le demandeur, comme accessoires de sa prétention, et décider, à l'égal de ceux réclamés pour le défendeur, qu'ils ne modifient pas le degré de juridiction. C'est, en effet, un moyen fréquemment employé par les plaideurs pour soumettre à l'appel des litiges en réalité peu importants.

Ces observations générales exposées sur un sujet non prévu dans le nouveau projet de loi, nous arrivons aux diverses matières qu'il a traitées.

De la conciliation.

Le projet du Gouvernement maintient à titre obligatoire le préliminaire de conciliation.

La Commission a cru devoir le rendre facultatif, sauf au cas de procès entre époux et entre ascendants et descendants; elle donne notamment pour motifs de cette innovation les retards et les frais occasionnés par cette procédure et le petit nombre d'affaires (environ 23 0/0) dans lesquelles elle aboutit.

Ces considérations nous paraissent insuffisantes pour légitimer la suppression d'une formalité aussi morale qu'utile.

Le retard est insignifiant, et les frais, d'ailleurs minimes, peuvent être facilement réduits.

Quant au petit nombre des affaires conciliées, il provient certainement soit de la facilité avec laquelle certains Présidents de Tribunaux appointent les requêtes tendant à l'abréviation des délais de comparution, soit de l'intervention trop fréquente de mandataires choisis parmi les agents d'affaires, soit du mode de recrutement des juges de paix.

Le projet de loi remédie, dans une certaine mesure, au premier de ces inconvénients en prescrivant aux Présidents de motiver leurs ordonnances abréviatives des délais.

Relativement au deuxième, il suffirait de donner aux juges de paix la faculté d'écarter des audiences de conciliation tout individu qui fait métier de la représentation en justice.

En ce qui touche le personnel des justices de paix, il devrait, autant que possible, être choisi parmi les personnalités notables du canton. Ces magistrats, initiés d'ailleurs aux usages de la contrée, inspireraient une plus grande confiance et exerceraient sur leurs justiciables une influence plus décisive qu'un fonctionnaire étranger au pays, qu'il ne connaît pas et où il n'est pas connu.

En admettant, d'ailleurs, que la conciliation n'aboutisse que dans le quart des affaires, elle n'en constitue pas moins une mesure utile qu'il ne faut point supprimer.

Mais, tout en la maintenant, nous

devons reconnaître qu'elle est susceptible de certaines modifications indiquées dans le projet de loi et dans le rapport de la Commission.

Nous ne pouvons qu'approuver les nouvelles dispositions du projet qui admettent les incapables, mineurs ou interdits, au bénéfice de la conciliation, en autorisant le tuteur à transiger, suivant l'importance du litige, soit seul, soit avec l'autorisation du juge de paix, du conseil de famille, ou du Tribunal.

Nous désirerions, ainsi que le demande la Commission, que le préliminaire de conciliation fût exigé, quel que soit le nombre des parties intéressées.

C'est à tort d'après nous que le projet autorise le demandeur à appeler son adversaire par voie d'avertissement ou par voie de citation, sauf, dans ce dernier cas, à en supporter les frais. La citation a toujours un caractère agressif qui peut faire obstacle à une transaction; il serait donc préférable d'agir dans tous les cas par simple avertissement.

Nous approuvons la disposition du projet qui donne force exécutoire au procès-verbal de conciliation; mais nous pensons, avec la Commission, que les parties ne doivent pas être autorisées à y constituer hypothèque. La stipulation d'une garantie hypothécaire sérieuse nécessite en effet un examen préalable de la situation et des titres de propriété du débiteur.

Les parties doivent être tenues de comparaître en personne, à moins de causes graves et justifiées, soumises à l'appréciation du magistrat, et ainsi que nous l'avons déjà dit, le juge de paix devrait être autorisé à écarter tout mandataire qu'il jugerait animé pour une raison quelconque d'un esprit hostile à la conciliation.

Le projet frappe, à bon droit, d'une amende le demandeur qui, en dehors des cas d'exception prévus par la loi, n'a pas vêtu le préliminaire de conciliation, mais le Tribunal devrait être autorisé à relever d'office cette infraction, alors même que le défendeur n'en excipe pas.

Il conviendrait enfin de rétablir dans le nouveau projet les dispositions de l'article 56 du Code de procédure civile, qui punit d'une amende celle des parties qui ne comparaît pas, et cette amende devrait être infligée par le juge de paix lui-même, car il arrive souvent que le Tribunal saisi ultérieurement du litige n'est pas informé de ce défaut de comparution.

Des ajournements.

Le projet de loi complète ou modifie certaines dispositions du Code de procédure civile sur les ajournements.

Il autorise les victimes d'un accident à poursuivre celui qui en est responsable devant le Tribunal du lieu où cet accident s'est produit.

Les sociétés ou compagnies peuvent être assignées dans les lieux où elles ont des succursales.

Les collectivités peuvent l'être en la personne de leur président ou d'un mandataire désigné pour les représenter en justice.

Le délai de l'ajournement est réduit à quinze jours pour tous les individus domiciliés en France.

Le projet supprime les copies de pièces qui devaient être données en tête des exploits.

Il autorise les huissiers à s'adjoindre, pour la signification des exploits, des clercs assermentés et même à se servir, pour les significations, de l'intermédiaire de la poste, afin d'éviter autant que possible les frais de transport toujours très onéreux.

Il tranche dans son article 10 une question, vivement controversée en doctrine et en jurisprudence, en attribuant compétence aux Tribunaux français pour les litiges entre étrangers résidant sur notre territoire.

La Commission a accepté la plupart de ces dispositions, mais elle y a apporté certaines modifications.

Elle admet la suppression des copies de pièces en tête de l'exploit, mais en imposant avec raison au demandeur l'obligation d'établir dans l'exploit même un bordereau des pièces dont il entend se servir, avec offre de les communiquer.

Elle proscrit, à bon droit, l'adjonction de clercs assermentés, par ce motif que la remise d'un exploit est chose trop grave pour la confier à un agent subalterne ne présentant pas le plus souvent de garanties sérieuses.

· Elle admet les significations par la voie de la poste et demande même que ce procédé soit non seulement facultatif, mais bien obligatoire.

Nous ne saurions accepter cette innovation. Les avis donnés par la poste peuvent suffire lorsqu'il s'agit de procédures simplement préparatoires, telles que les conciliations ou les tentatives de règlements amiables dans les ordres et les distributions. Mais il faut, d'après nous, maintenir pour tous autres exploits l'intervention personnelle de l'huissier.

On objecte, il est vrai, l'augmentation de frais résultant des transports; mais il serait facile de remédier à cet inconvénient, sinon en cantonnant les huissiers, tout au moins en n'admettant en taxe contre la partie qui succombe que les frais de transport qui seraient dus à l'huissier le plus rapproché du lieu de la signification.

La Commission demande enfin que l'ajournement ne soit plus donné d'une manière vague à huitaine ou au délai de la loi, mais bien à jour fixe, afin d'indiquer au défendeur, d'une manière précise, à quel moment il doit comparaître et constituer avoué.

On ne peut qu'approuver cette disposition nouvelle, réclamée depuis longtemps par les jurisconsultes et adoptée par la plupart des législations modernes.

Des constitutions d'avoués
et défenses.

Ce titre est certainement le plus important du projet soumis aux délibérations législatives; il règle, en effet, le mode de procéder devant les juridictions civiles.

Le Code de 1806, suivant en cela les traditions de l'ordonnance de 1667, édictait un double mode de procéder, suivant la nature et l'importance des litiges : 1° procédures sommaires et 2° procédures ordinaires.

Les législateurs de 1806 avaient, il est vrai, exprimé le regret de ne pouvoir unifier le mode de procéder devant les Tribunaux (voir à cet égard les discours de Treilhard et de Perrin); mais, imbus des anciens principes, ils avaient cru devoir les consacrer.

Le projet du Gouvernement supprime cette dualité; il établit un mode unique de procédure et proscrit les défenses grossoyées qu'il remplace par de simples conclusions motivées.

Il supprime également la signification par huissier des actes d'avoué à avoué, qui devra se faire désormais par voie de simple récépissé entre officiers ministériels.

Il proscrit enfin les défauts faute de conclure, qui n'ont le plus souvent pour but, de la part du défaillant, que de retarder la solution du litige et de donner au défendeur de mauvaise foi le moyen de lasser son adversaire.

La Commission est entrée dans une voie plus radicale.

Elle admet comme règle la plaidoirie immédiate au jour fixé par l'assignation ou à l'une des plus prochaines audiences, et cela sans formalités antérieures, c'est-à-dire sans signification des conclusions, qu'il suffira de déposer sur le bureau du Tribunal.

Toutefois, elle réserve au Tribunal, au cas où cette procédure simple et rapide ne paraîtrait pas suffisante, la faculté de décider qu'il sera procédé ainsi qu'il est dit au projet du Gouvernement.

Nous n'hésitons pas à repousser l'innovation proposée par la Commission et à lui préférer les dispositions qui lui avaient été soumises.

Son système maintient, en effet, un double mode de procéder. Il exige un débat préalable sur le point de savoir si la procédure sera parlée ou écrite, et

cela, à un moment où sur la simple lecture de l'assignation le Tribunal n'est
pas suffisamment renseigné sur les com-
plications qui se produisent souvent
dans le cours de litiges qui semblent au
début les plus simples.

D'après nous, le projet du Gouvernement doit donc être accepté, sauf les
modifications et additions suivantes.

En premier lieu, l'intitulé du titre
devrait être rectifié et remplacé par ces
mots : *De l'instruction des causes
civiles*, puisque certaines des dispositions adoptées s'appliquent même aux
affaires jugées par défaut.

En second lieu, le Code devrait repro-
duire dans son texte les dispositions
relatives à la distribution des causes, à
la formation des affiches, à la pose des
qualités, aux radiations du rôle, au
dépôt des conclusions, et aux plaidoiries, dont la réglementation se trouve
aujourd'hui disséminée dans les décrets
des 30 mars 1808 et 2 juillet 1812, dans
l'ordonnance du 27 février 1822 et dans
la loi du 26 janvier 1890.

Les réformes proposées auront nécessairement pour résultat la modification
du tarif de 1807, qui devra être revisé
dans le sens de la proportionnalité à

établir entre le chiffre des honoraires et la valeur du litige, mais avec majoration de ces émoluments, qui ne sont plus en rapport avec les besoins actuels et qui subiront une atteinte sérieuse par la suppression des requêtes grossoyées et la simplification des formalités de procédure.

Des audiences, de leur publicité et de leur police.

Le Code de 1806 consacrait un titre spécial à la communication des causes au Ministère public ; dans l'article 83, il énumérait celles qui devaient nécessairement lui être communiquées.

Le nouveau projet, tout en maintenant la nécessité de l'audition du Ministère public dans certaines affaires, se borne, par une économie mesquine, à supprimer la vacation de l'avoué pour la communication des dossiers.

Il conviendrait, pour compléter la matière, d'insérer dans le nouveau Code l'article 87 du décret du 30 mars 1808, qui interdit aux défenseurs de prendre la parole après le Ministère public, et ne les autorise qu'à remettre des notes.

Le projet du Gouvernement n'apporte

aucune modification au droit de plaidoirie, et maintient les dispositions des articles 85, 86 et 87 du Code de procédure civile.

La Commission propose, au contraire, d'autoriser les avoués à plaider dans les causes qu'elle dispense des écritures préparatoires.

Nous ne pouvons admettre cette modification qui, ainsi que nous l'avons déjà dit, aurait pour résultat de maintenir un double mode de procédure.

Certains jurisconsultes ont proposé, pour éviter une double représentation en justice, de confondre les professions d'avoué et d'avocat, ainsi que cela se pratique dans le Luxembourg, en Autriche, en Allemagne et dans le canton de Genève. Le professeur Bellot a publié à cet égard un remarquable rapport qui a servi de base à la loi adoptée en 1834 dans cette dernière contrée. Mais les habitudes, les traditions et les droits acquis doivent proscrire toute innovation sur ce point.

A propos du droit de plaidoirie, la loi nouvelle devrait s'expliquer formellement sur le point de savoir si ce droit peut être exercé par les femmes. Les difficultés récemment soulevées en Bel-

gique, et qui ne manqueront pas de se produire bientôt chez nous, rendent indispensable une solution précise.

En ce qui touche la police des audiences, le nouveau projet nous paraît trop concis; il conviendrait, d'après nous, de maintenir intégralement toutes les dispositions des articles 88 à 92 du Code de procédure civile.

Des jugements.

Le Code de 1806 contenait, dans ses articles 93 à 115, un titre spécial sur les délibérés et l'instruction par écrit.

Le nouveau projet supprime avec raison cette dernière procédure, aussi compliquée que rarement appliquée, et il comprend dans le chapitre relatif aux jugements tout ce qui a trait aux délibérés simples ou sur rapport.

Un magistrat de la Cour suprême, qui a publié un travail intéressant sur la réforme judiciaire, proposait que tous les jugements fussent rendus sur le rapport d'un juge, préalablement aux plaidoiries, ainsi que cela se pratique, notamment au Conseil d'État et à la Cour de cassation. Nous ne pouvons admettre cette innovation : le rapport se comprend quand il s'agit d'un point de droit pur ou d'une cause chargée de détails, mais dans la pratique journalière des Tribunaux inférieurs, cette formalité aurait pour résultat de retarder l'expédition des affaires. Les Tribunaux trouveront d'ailleurs dans le rapport facultatif le moyen de parer à toutes les nécessités.

Nous approuvons, au contraire, la disposition de l'article 3 du projet de la Commission, qui oblige chacun des juges à prendre communication du dossier, avec mention dans le jugement de l'accomplissement de cette formalité; il arrive fréquemment qu'il en soit ainsi, mais il est utile que la loi en impose l'obligation formelle aux magistrats.

L'article 116 du Code de procédure, adopté par le Gouvernement et la Commission, pose en principe que les jugements doivent être prononcés sur-le-champ. Cette disposition, si rarement appliquée dans la pratique, expose le juge à des surprises et à des erreurs qui se révèlent souvent au moment de la rédaction ultérieure.

Il faudrait au contraire, d'après nous, sauf le cas d'urgence extrême, comme en matière d'incident, de ventes judiciaires, ordonner par un texte exprès que toute décision judiciaire, même par défaut, ne pût être rendue au plus tôt que le lendemain des plaidoiries, afin de donner au juge le temps d'examiner les pièces et de mûrir sa décision.

L'article 14 du projet de loi prescrit une mesure utile en exigeant que tous les jugements contiennent liquidation des dépens, avec leur répartition s'il y a lieu. La Commission y a ajouté à bon droit une disposition qui accorde un délai de huit jours, à partir de la signification, pour l'opposition à la taxe, et qui décide que cette opposition sera jugée en audience publique.

C'est également avec raison qu'après avoir énuméré certains cas où l'exécution provisoire des jugements peut être ordonnée, l'article 20 du projet l'autorise toutes les fois que le Tribunal reconnaîtra qu'il pourrait y avoir péril en la demeure.

Le mode de rédaction des jugements a divisé le Gouvernement et la Commission.

Le projet de loi maintient la nécessité des qualités dressées par l'avoué qui veut lever le jugement. La Commission estime au contraire, conformément à la loi des 16-24 août 1790, que le jugement doit être en entier l'œuvre du Tribunal.

Nous n'hésitons pas à préférer le système de la Commission, qui a pour résultat d'éviter des frais et des lenteurs, et qui est déjà appliqué dans les justices de paix et les Tribunaux de commerce.

Les greffiers chargés de ce travail trouveront dans les dossiers les documents nécessaires pour établir successivement les noms des parties, le point de fait et les conclusions, auxquels ils ajouteront les motifs et le dispositif, qui doivent être l'œuvre du Tribunal. Il conviendra, toutefois, de leur allouer une rémunération raisonnable pour ce nouveau travail.

L'article 32 du projet, adopté par la Commission, supprime avec raison la signification à partie des jugements contradictoires et ne maintient que la signification à avoué. C'est un progrès utile au double point de vue du temps et de l'économie des frais.

Des jugements par défaut et oppositions.

Nous avons déjà vu que le nouveau projet supprime les jugements par défaut faute de conclure, par ce motif que le défendeur, qui est représenté par un avoué, ne peut être l'objet d'une surprise.

La même raison a déterminé le législateur à supprimer également l'opposition contre les jugements de défaut-congé, soit qu'ils rejettent la demande, soit qu'ils déboutent simplement de l'action.

Nous approuvons complètement ces modifications, et nous n'avons plus à nous occuper que des défauts faute de comparaître ou de constituer avoué et des défauts profit-joint.

Sur le premier point, le projet introduit certaines modifications. Il autorise le Tribunal à ordonner la réassignation du défendeur défaillant et, au cas de nouveau défaut, à faire publier le jugement par voie d'affiches et d'insertions dans les journaux; dans ce dernier cas, le délai d'opposition est fixé à huit mois.

L'article 156 du Code de procédure civile exigeait que les jugements par défaut contre partie fussent exécutés dans les six mois, sous peine d'être réputés non avenus; la jurisprudence avait rendu les décisions les plus contradictoires sur le point de savoir quand et comment le jugement était exécuté. L'article 10 du projet modifie heureusement cette disposition en décidant que la simple signification du jugement l'empêchera de tomber en prescription.

En ce qui touche les jugements de défaut profit-joint, l'utilité de cette procédure ne saurait être contestée, puisqu'elle évite des contrariétés de décisions dans une même affaire. Mais pourquoi exiger un jugement avec assistance des avoués déjà constitués, auxquels on signifie des conclusions, des qualités, et quelquefois le jugement luimême? Ne suffirait-il pas d'une simple ordonnance sur requête du demandeur rendue par le Président, qui constaterait le défaut et autoriserait la réassignation, sauf référé au Tribunal en cas de difficultés. Il y aurait ainsi grande économie de temps et de frais.

Des exceptions.

Les articles 166 à 192 du Code de procédure civile n'ont donné lieu qu'à une seule modification importante; aux termes de l'article 3 du projet, l'exception d'incompétence à raison de la matière ne peut plus être opposée en tout état de cause; elle doit l'être préalablement à toutes défenses sur le fond, sauf dans certains cas, énumérés dans l'article 4; cette prescription nouvelle aura pour résultat d'éviter, dans certains cas, des frais inutilement exposés.

L'ordre dans lequel les exceptions doivent être proposées a donné lieu à de longues controverses en doctrine et en jurisprudence; il conviendrait donc de concilier sur ce point les dispositions des articles 169, 173 et 186 du Code de procédure et de fixer, par un texte précis, dans quel ordre doivent être proposées les diverses exceptions qui font l'objet de ce titre.

De la vérification des écritures et du faux civil.

Le projet du Gouvernement, accepté par la Commission, a, comme le Code de 1806, classé dans deux titres distincts la vérification des écritures et le faux civil, mais il a, pour ces deux procédures autrefois si compliquées, simplifié les formalités.

Il a même admis que le faux civil pouvait être formulé par action principale.

Relativement à la vérification des écritures, il a dérogé à l'article 2,123 du Code civil et à la loi du 3 septembre 1807, en supprimant l'hypothèque judiciaire résultant de la reconnaissance des écritures ordonnée par jugement.

Ces réformes nous paraissent insuffisantes, et nous pensons qu'il y aurait avantage à adopter en ces matières les dispositions du Code du canton de Genève.

Ce Code comprend en un seul titre et soumet aux mêmes formalités les procédures de vérification et de faux. Il serait trop long et sans intérêt de les examiner en détail : on en retrouvera facilement les dispositions et les motifs dans le remarquable rapport du professeur Bellot.

Des enquêtes.

Le titre du Code de procédure de 1806 relatif aux enquêtes semble avoir été rédigé dans le but de faire obstacle à la découverte de la vérité; il abonde, en effet, en formalités inutiles et coûteuses, et en nullités irritantes, qui entravent et prolongent les procédures dans lesquelles ce mode d'information devient nécessaire.

Dans un mémoire adressé à la Commission instituée en 1862, nous avons déjà signalé les réformes dont le titre des enquêtes nous paraissait susceptible et nous avons eu la satisfaction de voir la plupart de nos idées reproduites dans les projets de revision de 1866 et de 1890.

Aux termes du dernier de ces projets, les Tribunaux décident, par le jugement qui ordonne l'enquête, qu'elle aura lieu soit à l'audience, soit devant un juge à ces fins commis et, dans les deux cas, ce jugement fixe le jour auquel elle devra se faire.

Le choix du mode de procéder à l'enquête dépendra évidemment de la longueur présumée de cette procédure, et l'on doit se demander quelles seront les bases de cette appréciation.

A cet égard, il nous paraîtrait utile d'imposer à celui qui sollicite une enquête l'obligation d'indiquer, au moment de ses articulations, le nombre et la désignation des témoins qu'il se propose de faire entendre, ainsi que le demande la Commission et que le prescrivent les articles 289 et 890 du Code de procédure en matière de reproches et d'interdiction.

Quant au danger possible de subornation à l'égard de témoins désignés par avance, il serait facile d'y obvier en décidant que la désignation en sera faite dans une note confidentielle remise au Tribunal.

D'après le projet, le jugement qui ordonne l'enquête ne sera plus ni levé ni signifié ; il vaudra convocation pour les parties qui, préalablement à l'enquête, devront se notifier la liste de leurs témoins.

L'enquête et la contre-enquête devront se faire simultanément : Le Tribunal ou le juge-commissaire pourront rappeler les témoins et les confronter ; ils pourront même d'office ordonner la citation de témoins dont les déclarations leur paraîtraient utiles pour la manifestation de la vérité.

Nous désirerions même qu'ils fussent autorisés à interpeller les parties présentes sur les faits révélés par les témoignages.

Les enquêtes ne doivent plus être terminées dans la huitaine de l'audition du premier témoin. Elles peuvent être continuées autant qu'il est nécessaire pour l'audition de tous les témoins à entendre.

Le projet modifie complètement les

dispositions du Code de procédure relatives aux reproches : il ne prohibe que l'audition des parents ou alliés en ligne directe, laissant aux Tribunaux le soin, d'après les circonstances, d'avoir tel égard que de droit aux déclarations de tous autres témoins.

Il ne peut être délivré qu'une seule expédition du procès-verbal d'enquête, qui ne doit plus être signifié, mais simplement communiqué d'avoué à avoué.

L'article 29 du projet autorise le juge-commissaire à statuer sur les incidents qui peuvent s'élever devant lui, sauf recours, d'ailleurs non suspensif, au Tribunal.

Les frais de l'enquête doivent être avancés par la partie qui la requiert, d'après l'évaluation du Tribunal ou du juge, et consignés au greffe.

L'article 31 du projet indique d'une manière précise les cas de nullité des enquêtes, et l'article suivant décide qu'une enquête nulle peut toujours être recommencée.

La Commission parlementaire accepte la plupart des modifications proposées, mais elle émet le vœu que l'enquête ait toujours lieu à l'audience devant le Tribunal entier et demande le main-

tien des reproches relatifs aux collaté--
raux.

. Nous estimons que le projet du Gouvernement donne une satisfaction suffisante aux justes critiques élevées contre
les dispositions du Code de 1806 et qu'il
y a lieu de l'adopter tel qu'il est proposé.

De la visite des lieux.

Ce titre du Code a été utilement com-
plété.

Il autorise le Tribunal à se transporter
tout entier ou à déléguer l'un des juges.

Il supprime la signification du jugement qui ordonne le transport et du
procès-verbal qui en constate les résultats et prescrit la consignation au greffe
des frais nécessités par cette opération.

Il autorise enfin le tribunal ou le
juge commis à recueillir tous indices
propres à l'éclairer et même à entendre,
à titre de renseignements, telles per-
sonnes que bon leur semble.

C'est une amélioration notable, qu'on
ne peut qu'approuver, et qui fournira
fréquemment des éléments utiles pour
la solution définitive des litiges.

Des expertises.

La procédure des expertises a été l'objet d'utiles modifications proposées par le Gouvernement et acceptées par la Commission.

Les Tribunaux pourront désormais, dans tous les cas, ne désigner qu'un seul expert.

Le jugement qui ordonne l'expertise ne sera plus signifié.

Les rapports d'experts seront, au choix du Tribunal, écrits ou faits oralement à l'audience.

Ils ne seront plus signifiés.

Les experts pourront toujours recueillir tous renseignements et même procéder à des enquêtes officieuses. Cette faculté déjà consacrée par certains Tribunaux, mais qui faisait l'objet de controverses dans la jurisprudence, est, à juste titre, désormais sanctionnée par la loi.

Le projet a cru devoir supprimer le serment des experts et l'a remplacé par l'affirmation de sincérité insérée dans le rapport lui-même. Sans doute, ainsi que l'indique l'exposé des motifs, le serment n'est pas d'ordre public, puisque les parties peuvent y renoncer, et il a pour effet d'augmenter les frais, mais il offre des garanties plus sérieuses qu'une simple affirmation écrite. On ne s'explique pas pourquoi on a cru devoir le supprimer alors qu'on le conserve pour les témoins, pour les parties et qu'on l'impose à tous les fonctionnaires.

De la comparution personnelle et de l'interrogatoire sur faits et articles.

L'expérience des choses judiciaires démontre l'utilité de la comparution des parties et l'inanité absolue de l'interrogatoire sur faits et articles, qui nécessite un jugement préalable et ne produit le plus souvent aucun résultat.

C'est donc à tort, d'après nous, que le projet du Gouvernement maintient cette procédure surannée, d'ailleurs peu usitée dans la plupart des Tribunaux.

L'interrogatoire sur faits et articles fournit au plaideur habile ou de mauvaise foi le moyen de préparer ses réponses aux questions qui lui sont soumises; par avance, la comparution personnelle contradictoire permet au contraire au Tribunal de se faire une conviction mieux raisonnée en raison de l'attitude respective des parties et du caractère imprévu des interpellations.

C'est donc à bon droit, d'après nous, que la Commission a proscrit l'interrogatoire sur faits et articles.

Nous approuvons également la disposition par laquelle cette Commission autorise les Tribunaux à faire comparaître les parties pour essayer de les concilier; c'est un moyen qui est souvent employé dans la pratique et qui devrait être consacré par la loi.

Du serment.

Certains jurisconsultes ont proposé la suppression du serment, mais cette innovation ne saurait être accueillie, car la délation du serment est souvent utile pour intimider le plaideur de mauvaise foi et pour rassurer la conscience du juge.

Sa suppression porterait d'ailleurs atteinte au caractère spiritualiste qui distingue les législations de tous les peuples civilisés.

Il conviendrait, toutefois, de ne point exiger un jugement spécial pour ordonner le serment et d'autoriser les Tribunaux à le déférer sur injonction ver-

bale, sauf à en constater la délation et
les résultats dans le jugement définitif,
ainsi que cela se pratique d'ailleurs
dans certains Tribunaux.

Des incidents.

La procédure des incidents était réglée
par les articles 337 à 341 du Code de
1806, qui ne s'occupaient ni des deman-
des reconventionnelles ni de l'intervention forcée.

Le nouveau projet a comblé cette
lacune dans certaines dispositions qui
ont été acceptées par la Commission et
qui ne nécessitent pas d'observations
spéciales.

Des désaveux, règlements de juges, renvois pour parenté, récusations et désistements.

Ces procédures, dont quelques-unes
sont d'une application bien rare, n'ont
reçu que quelques modifications de tex-
tes dont il est inutile de s'occuper.

Des reprises d'instance.

Le projet du Gouvernement, accepté
par la Commission, comporte une triple
modification aux règles tracées par le

Code de procédure sur les reprises d'instance, en décrétant :

1° Que, dans les affaires qui sont en état, le successeur de l'officier ministériel qui a cessé ses fonctions représente, de plein droit jusqu'à révocation, l'avoué qu'il remplace ;

2° Il assimile à la mort de l'une des parties son changement d'état ou la cessation des fonctions dans lesquelles elle procédait ;

3° Enfin il supprime la nécessité du jugement, tenant l'instance pour reprise, et déclare cette instance reprise de plein droit par la constitution d'un nouvel avoué ou par l'expiration des délais de la nouvelle assignation.

Nous ne pouvons qu'approuver ces diverses dispositions.

De la péremption.

Le projet du Gouvernement réduit de trois à deux ans le délai de la péremption des instances ; il maintient le droit de couvrir cette péremption par des actes valables notifiés même après l'échéance du délai, mais avant la demande en péremption, et la nécessité de la faire prononcer par jugement.

Nous préférons de beaucoup le système adopté par la Commission, d'après
lequel la péremption a lieu de plein
droit par l'expiration du délai légal, et
ne peut plus être couverte.

Nous ne pouvons qu'approuver les
dispositions nouvelles du projet portant : 1° que l'exception de péremption
ne profite qu'à celui de plusieurs défenseurs qui l'oppose; 2° et que les mesures
d'instruction faites durant l'instance
périmée peuvent, si elles sont valables,
être invoquées dans la nouvelle instance.

Des matières sommaires.

L'unification du mode de procéder
proposée par le projet de loi entraîne
nécessairement la suppression de ce
titre.

Des référés.

La juridiction des référés a pris une
grande importance à cause du nombre
croissant des litiges dans les grands
centres, et de la nécessité d'obtenir dans
certains cas des solutions rapides.

Il ne faudrait pas cependant en exagérer l'usage, car le juge unique ne présente jamais, malgré ses qualités morales et intellectuelles, les mêmes garanties qu'un Tribunal composé de plusieurs magistrats.

Le projet du Gouvernement, adopté par la Commission, a modifié les dispositions du Code de 1806 sur quatre points.

Il attribue, à bon droit, compétence au Président du Tribunal civil pour les référés portant sur les matières commerciales.

Il permet dans les jours fériés de requérir le référé sur simple mémoire signé par la partie.

Il autorise le recours par voie de référé contre les ordonnances rendues sur requête, mais seulement dans les cas qui seront spécialement indiquées par la loi.

Il permet enfin au juge des référés de statuer sur les dépens.

Ces modifications doivent être approuvées, mais il faudrait les compléter en reproduisant l'article 810 du Code de procédure qui prescrit le dépôt au greffe de la minute des ordonnances de référé.

Il arrive souvent, en effet, que ces

minutes disparaissent, alors qu'il y aurait intérêt à en consulter la teneur.

L'obligation du dépôt devrait être sanctionnée par une amende, infligée à celui qui devait l'opérer.

Il conviendrait également d'autoriser l'introduction des référés qui peuvent devenir nécessaires en cours d'instance par voie de simples conclusions.

De la chambre du conseil.

Le projet indique dans un titre spécial, qui ne figurait pas au Code, les diverses affaires dont les Tribunaux doivent connaître dans la chambre du conseil, et il règle dans ses articles 5 à 7 la procédure à suivre en première instance et en appel.

La Commission parlementaire a supprimé ce titre et proposé que toutes les affaires qui y sont énumérées soient débattues en audience publique.

Nous estimons que dans la plupart des cas indiqués au projet le débat ne saurait être public, mais que l'énumération des causes réservées à la chambre du conseil serait mieux placée dans le titre spécial relatif à la compétence qui, d'après nous, devrait servir de préface au nouveau Code.

De la procédure devant les Tribunaux de commerce.

Ce titre semblerait au premier abord devoir trouver sa place dans le Code de commerce; mais il ne faut pas oublier, qu'un grand nombre de Tribunaux civils remplissent l'office de Tribunaux consulaires et qu'ils doivent aux termes des articles 640 et 641 du Code de commerce suivre la procédure commerciale, d'où la nécessité de traiter la matière dans le Code de procédure civile.

Le nouveau projet n'apporte d'ailleurs au texte du Code de 1806 que peu de modifications.

Les articles 6 et 7 de ce projet règlent législativement des questions de compétence qui divisaient les auteurs et la jurisprudence.

L'article 8 supprime la nécessité de la procuration pour les avoués et les avocats.

L'article 13 ne présente pas une rédaction suffisamment nette, mais ses dispositions, éclairées par l'exposé des motifs, paraissent indiquer que les Tribunaux de commerce connaîtront à l'avenir des instances en reconnaissance d'écritures commerciales et ne devront renvoyer les parties devant les Tribunaux civils qu'au cas où la pièce produite est déniée, méconnue ou arguée de faux, conformément aux dispositions de l'article 427 du Code de procédure.

Il conviendrait de préciser l'intention du législateur par un texte plus clair et plus explicite.

La réforme importante du nouveau projet porte sur l'article 429 du Code de procédure, qui autorisait le renvoi devant arbitres. Dans certains Tribunaux on abusait de ces renvois. L'arbitre désigné, devenait le véritable juge et le jugement n'était le plus souvent que la copie de son rapport. Son intervention, dénuée de garanties suffisantes, avait pour résultat de prolonger les litiges et de les grever de frais considérables. La suppression de ce mode de procéder est donc profitable à tous égards.

Conclusion.

Les réformes proposées que nous venons d'analyser constituent un progrès certain que l'opinion publique réclamait depuis longtemps.

Les rédacteurs du Code de 1806, effrayés de la suppression des procédures édictée par les lois révolutionnaires, avaient cru devoir réagir en adoptant en grande partie les dispositions de l'ordonnance de 1667. La forme est certainement très importante pour la protection et la mise en pratique du droit, mais il ne faut point l'exagérer.

Le nouveau projet est entré dans la voie d'un sage progrès. Il serait désirable que le Parlement pût le discuter dans le cours de la présente législature et que la Commission complétât son œuvre en revisant la seconde partie du Code qui traite des procédures diverses et des ventes judiciaires.

Bordeaux. — Imprimerie G. GOUNOUILHOU, rue Guiraude 11.